Gran Panda

y

Pequeño Dragón

Gran Panda

y
Pequeño Dragón

James Norbury

Traducción de
Noemí Risco

NUBE **DE TINTA**

Este libro está dedicado a todos
aquellos que andan perdidos.

Índice

Primavera

Sé valiente.

Nunca se sabe adónde
puede llevar un primer encuentro.

«Un nuevo día y un nuevo comienzo»,
dijo Pequeño Dragón.

«¿Qué deberíamos hacer con ellos?».

«¿Qué es más importante», preguntó Gran Panda,
«el viaje o el destino?».

«La compañía», contestó Pequeño Dragón.

«Estoy demasiado ocupado como para fijarme en las flores
ahora mismo», dijo Pequeño Dragón.

«Precisamente por eso deberías mirarlas», dijo Gran Panda.
«Quizá no estarán aquí mañana».

«¿No es la naturaleza increíble?», dijo Pequeño Dragón.

«Así es», confirmó Gran Panda.
«Y nosotros somos tan parte de la naturaleza como el árbol o la araña,
e igual de asombrosos».

«Gran Panda», dijo Pequeño Dragón,
«me gusta cómo me escuchas, cómo me hablas
y que viajes conmigo, pero sobre todo me gusta
cómo me haces sentir».

«Intenta sacar tiempo para las pequeñas cosas»,
dijo Gran Panda.

«A menudo son lo más importante».

«Lo más importante...»,
dijo Gran Panda,

«es prestar atención».

«No todos los que vagan están perdidos»,
dijo Pequeño Dragón meditabundo.

«Eso es cierto», respondió Gran Panda,
«pero en este caso estamos perdidísimos».

«Ese árbol ha pasado por momentos difíciles»,
observó Pequeño Dragón.

«Sí», dijo Gran Panda, «pero aún está aquí
y ha ganado en fuerza y belleza».

«¡Apresúrate!», se quejó Pequeño Dragón.
«¡Hay mucho que hacer!».

«El río no se apresura», dijo Gran Panda,
«pero a pesar de los muchos obstáculos,
siempre llega adonde va».

«No ocurre nada», señaló Pequeño Dragón.

«Tal vez», dijo Gran Panda,
«primero ocurra por debajo».

«A veces pienso que no soy lo bastante bueno»,
dijo Pequeño Dragón.

«Un cerezo no se compara con otros
árboles», contestó Gran Panda,
«tan solo florece».

Posibilidades de una hoja: n.º 1, un barco.

«A veces simplemente tienes que hacer el tonto».

36 primavera

Cada decisión que tomas
en tu viaje te acerca o te aleja
de adonde quieres ir.

«Cometer errores significa que estás intentándolo»,
dijo Gran Panda. «No te rindas».

«Quiero cambiar el mundo»,
dijo Pequeño Dragón.

«Empieza con la próxima persona que necesite
tu ayuda», respondió Gran Panda.

«En el mapa no sale adonde
se supone que debo ir»,
dijo Pequeño Dragón.

«Tu viaje no sale en ningún mapa»,
apuntó Gran Panda.
«Tienes que descubrir tu propio camino».

«Ya lo echo de menos»,
dijo Pequeño Dragón.
«¿Y si se hace daño?».

«Le ayudaste cuando más lo necesitaba»,
contestó Gran Panda.
«¿Y si vive una vida larga y feliz?».

«El camino que nos espera parece difícil», dijo Gran Panda.

«No importa lo duro que sea», dijo Pequeño Dragón.
«Lo afrontaremos juntos».

«Ojalá este instante durase para siempre»,
deseó Pequeño Dragón.

«Este instante es lo único que existe»,
contestó Gran Panda, sonriendo.

Verano

Jamás se malgasta el tiempo que se pasa sin hacer nada.

«Ojalá te hubiera conocido antes»,
dijo Pequeño Dragón,
«para vivir aún más aventuras juntos».

«¿Cuál es mi propósito?», preguntó Pequeño Dragón.

Gran Panda se paró y dijo:
«Sentarte en esa piedra y estar con tu amigo».

«A veces tengo la cabeza como esta tormenta»,
se quejó Pequeño Dragón.

«Si prestas atención», dijo Gran Panda,
«oirás las gotas salpicando la piedra.
Es posible encontrar un poco de paz
hasta en una tormenta».

Un Dragón Mayor
es un Pequeño Dragón
que nunca se dio
por vencido.

ABUELO DRAGÓN

«Tenemos mucho camino por delante», dijo Gran Panda.

Pequeño Dragón sonrió. «Abuelo Dragón solía decir que
un viaje de miles de kilómetros empieza con una taza de té».

«Se te da bien escuchar», dijo Pequeño Dragón.

«Escuchar nunca me ha metido en problemas»,
apuntó Gran Panda.

«No puedo colocar esta rama en su sitio»,
dijo Pequeño Dragón, resollando.

Gran Panda masticó su bambú, pensativo.
«Las imperfecciones son lo que lo hacen perfecto».

«Lo mejor que puede acompañar un té»,
dijo Gran Panda, «es un buen amigo».

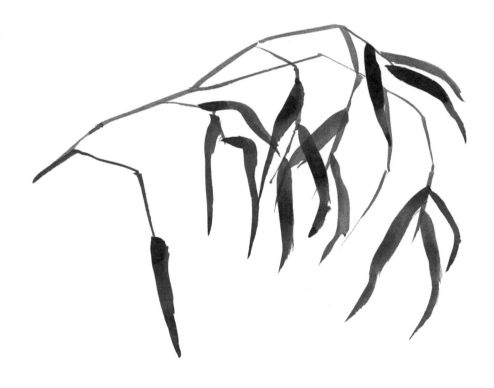

«Estoy preocupado», dijo Pequeño Dragón.
«No sé cómo continuar».

«Por un instante», contestó Gran Panda,
«tan solo detente a respirar
y a escuchar el viento en el bambú».

«¿Qué estás haciendo?»,
preguntó Pequeño Dragón.

«No tengo ni idea», contestó Gran Panda,
«pero es muy divertido».

Si buscas la felicidad para otros,
puede que la encuentres para ti mismo.

«¿Sabes?», dijo Pequeño Dragón.
«Tal vez estos sean los buenos tiempos
que añoremos en un futuro».

«Si es así, no dejemos de crearlos»,
propuso Gran Panda.

El amor no necesita explicación.

Juntos podemos hacer cualquier cosa.

70 verano

Algunas personas son como las velas.

Se consumen para crear luz
para otros.

Posibilidades de una hoja: n.º 17, una sombrilla (y una comida).

«¡Date prisa, Gran Panda,
vamos a llegar tarde!».

Gran Panda se sentó.
«Me gusta pensar que estoy generando expectativa».

«Este jardín es precioso», dijo Pequeño Dragón.

Gran Panda asintió. «Y lo encontramos solo porque
nos equivocamos de camino muchas veces».

«No haces mucho»,
dijo Pequeño Dragón.

«Estoy lleno de potencial»,
respondió Gran Panda con un bostezo.

Otoño

«Ya ha llegado el otoño», dijo Gran Panda,
«y pronto el invierno se nos echará encima».

«Cierto...», dijo Pequeño Dragón.
«Más tardes acogedoras juntos... con té».

Posibilidades de una hoja: n.º 62, un paraguas.

«Nos hemos perdido otra vez», dijo Gran Panda.

«Cuando estoy perdido, creo que ayuda volver
al principio», propuso Pequeño Dragón,
«e intentar recordar porqué empecé».

«¿Y si a quienes conozco no les gusto yo ni las cosas que hago?»,
preguntó Pequeño Dragón.

«Debes tomar tu propio camino», respondió Gran Panda.
«Es mejor perderlos a ellos que perderte a ti mismo».

86 otoño

«Mi flor...», se lamentó Pequeño Dragón.

«Todas las cosas tienen su fin, pequeño.
Por eso son tan preciadas».

«Cuesta ser amable con todo el mundo», dijo Pequeño Dragón.

«Cierto», contestó Gran Panda. «Y lo más difícil es
ser amable con nosotros mismos, pero debemos intentarlo».

Déjala marchar o te arrastrará.

Cuando bebas té..., bebe té.

«¿En qué estás pensando?»,
preguntó Pequeño Dragón.

«En nada», respondió Gran Panda.
«Es maravilloso».

«No puedo salir de este agujero»,
dijo Pequeño Dragón.

Gran Panda sonrió.
«Entonces iré a sentarme contigo».

«Las hojas están muriéndose», observó Pequeño Dragón.

«No estés triste», dijo Gran Panda.
«El otoño es la forma que tiene la naturaleza de mostrarnos
lo bonito que puede llegar a ser dejar partir».

«Mira qué he encontrado».

«¡Anda!», dijo Gran Panda,
«una oportunidad de probar algo nuevo».

«Hoy estás callado», dijo Pequeño Dragón.

Gran Panda sonrió.
«No creo que pueda ofrecer algo mejor que el sonido de la lluvia».

«No estoy seguro de que esta sea la mejor manera...».

«¿Cómo es que este árbol sigue en pie?», preguntó Pequeño Dragón.

«En tiempos mejores», contestó Gran Panda, «sus raíces se hicieron profundas y ahora puede afrontar cualquier tormenta».

«Es una lástima que no plantáramos este árbol mucho antes»,
dijo Pequeño Dragón. «Imagina lo grande que sería».

«Lo estamos haciendo ahora», respondió Gran Panda.
«Eso es lo importante».

«¿Oyes el viento en los árboles, Pequeño Dragón?

Es el modo que tiene la naturaleza de decirnos que nos paremos
un instante a respirar y simplemente ser».

«¿Alguna vez eres malo contigo mismo, Gran Panda?».

Gran Panda observó las ondas expandirse en el lago.

«Veo lo tierno que eres, Pequeño Dragón,
e intento tratarme con la misma bondad».

«Hemos pasado por muchísimas dificultades en este camino»,
dijo Pequeño Dragón.

«Sí», concedió Gran Panda, «pero hemos aprendido algo
el uno del otro. E imagina las buenas vistas
que habrá al llegar a la cima».

«Tanto si la gente te alaba
como si te critica, Pequeño Dragón,
trata de aceptarlo con dignidad.

Hace falta todo tipo de condiciones
para crear un árbol fuerte».

Escuchar a los demás es una de las mejores cosas
que puedes hacer por ellos.

Cuando enciendes una luz
para otra persona
no puedes evitar iluminar
tu propio camino.

«Si no lo intentas», dijo Gran Panda,
«nunca sabrás si puedes volar».

«Estoy cansado», dijo Pequeño Dragón, suspirando.

«Entonces, vamos a parar», propuso Gran Panda,
«a mirar las estrellas y a tomar una taza de té caliente».

«¿Qué estamos celebrando?», preguntó Pequeño Dragón.

«Que me haya pillado la lluvia», respondió Gran Panda. «Contigo».

«Qué vela tan pequeña», dijo Pequeño Dragón.

«Aunque dé poca luz», contestó Gran Panda, sonriendo,
«es mejor que la oscuridad».

«Quiero abrir un puesto de calabazas terroríficas»,
dijo Pequeño Dragón, «pero temo que no salga bien».

Gran Panda le sirvió a su amigo más té.

«Puede que no salga bien, pequeño, pero si dejas que
el miedo te impida intentarlo, el fracaso está asegurado».

A veces lo único que puedes hacer
es preparar té para alguien.

Y quizá con eso baste.

Hay días en los que
simplemente levantarse es una victoria.

«¿Qué es el universo?», preguntó Pequeño Dragón.

Gran Panda miró al cielo nocturno.

«Nosotros, pequeño. Somos océanos infinitos y tormentas
de verano. No hay nada más magnífico».

Invierno

«Hace ya muchos días que me llevas»,
dijo Pequeño Dragón.

«Podría ser peor», respondió Gran Panda.
«Podríamos ser Gran Dragón y Pequeño Panda».

«Cada estación es totalmente distinta», dijo Gran Panda,
«y cada una tiene sus maravillas».

«Igual que nosotros», apuntó Pequeño Dragón, sonriendo.

A veces va bien partir sin tener ni idea
de adónde te diriges.

«¿Cómo continúas?»,
preguntó Pequeño Dragón.

«A veces», dijo Gran Panda,
«hasta el paso más pequeño
es mejor que no dar ninguno».

«Es el día más corto», dijo Pequeño Dragón.
«El invierno ya está aquí».

«Pero también es la noche más larga», señaló Gran Panda,
«y tiene sus propias maravillas».

«Me rindo», dijo Pequeño Dragón.

«No pasa nada», dijo Gran Panda.
«Volveremos a intentarlo mañana».

«Esta noche es fría y oscura», observó Pequeño Dragón.

«No te preocupes, pequeño», dijo Gran Panda.
«El sol saldrá de nuevo».

«Si te está costando, pequeño, puedes decírmelo.
Me gustaría ayudarte».

«¿Tener malos pensamientos hace que sea una mala persona?»,
preguntó Pequeño Dragón.

«No», repuso Gran Panda. «Las olas no son el océano.
Los pensamientos no son la mente».

«Estoy tan cansado...», dijo Pequeño Dragón.

Gran Panda se detuvo.
«El invierno es una época en la que la naturaleza se retira a descansar
y reúne fuerzas para empezar de nuevo.

Todos tenemos derecho a hacer lo mismo, pequeño amigo».

«Me he olvidado de hacer mis propósitos de Año Nuevo»,
dijo Pequeño Dragón, suspirando.

«No te preocupes, pequeño», lo tranquilizó Gran Panda.
«Si hay algo que quieras cambiar, puedes empezar ya mismo».

«¿Cuáles serían tus tres deseos?»,
preguntó Pequeño Dragón.

Gran Panda se quedó reflexionando.
«Estar juntos... viajando... bajo la lluvia».

«Hay belleza en todas partes», dijo Gran Panda,
«pero a veces cuesta verla».

Posibilidades de una hoja: n.º 111, un trineo.

«No puedo expresar cómo me siento»,
dijo Pequeño Dragón.

«No pasa nada», contestó Gran Panda, sonriendo.
«Las palabras no son adecuadas para todo».

Tú me das fuerza cuando me quedo sin.

Primavera

Cuando más difícil lo tienen las mariposas es antes de renacer.

«¿Crees en la reencarnación?»,
preguntó Pequeño Dragón.

Gran Panda bostezó.
«Creo que en cada minuto de cada día
podemos dejar ir y empezar de nuevo».

Incluso un árbol herido
puede florecer de la forma más bella.

«¿Falta poco?»,
preguntó Pequeño Dragón.

Gran Panda sonrió.
«Espero que no».

Epílogo

Hace algún tiempo sufría mucho dentro de mi cabeza. Un día, vi por casualidad un libro sobre el budismo en una librería de segunda mano. Su contenido me pareció fascinante y empecé a buscar más información sobre espiritualidad y meditación. Cuanto más descubría, más me daba cuenta de que no tenía que ser esclavo de mis pensamientos negativos.

Ese descubrimiento que tanto me ayudó a mejorar mi felicidad consiguió también fortalecer mi determinación de ayudar a otros. Me uní a los Samaritans, una organización benéfica que habla por teléfono con personas que sufren problemas como depresión, ansiedad y soledad. La cantidad de sufrimiento humano que descubrí me impactó y me inspiró para crear un pequeño grupo de apoyo en mi zona, pero el COVID puso fin a mis planes.

En su lugar, decidí plasmar en imágenes aquellas ideas poderosas, transformadoras, para intentar hacerlas llegar a la gente de una manera sencilla y cercana. No tenía ni idea de si tendría éxito, pero me han escrito personas pertenecientes a muy diversas culturas, religiones, países y edades para decirme lo mucho que les han ayudado los dibujos en momentos de necesidad.

Pongo todo mi corazón en cada dibujo y creo que por eso hablan a la gente. En cada uno de ellos hay un trocito de mi alma.

Agradecimientos

Este libro es la culminación de la experiencia de una vida. Por lo tanto, quiero dar las gracias a todos los que he conocido. Todos me habéis convertido en la persona que soy ahora, y si no fuera esa persona, no podría haber creado esto. Así que gracias.

Pero hay algunos que destacan por haber hecho realidad este libro.

Ruth, que simplemente siendo ella misma siempre me ha ayudado. Es el centro de mi universo y cada día la quiero más.

Mi madre y mi padre, que me enseñaron a ser autosuficiente y a valorar el arte como un modo de expresar ideas, y que apoyaron todos mis planes raros. Sin ellos en mi vida, nunca habría creído posible ganarme el pan con el arte. Gracias.

A mi hermano, Alan, y mi hermana, Lane. Me dais siempre muchos ánimos y apoyo.

Ludo, es increíble que lo hicieras. Escribí a muchos agentes y tú fuiste el único que creyó en mí. Muchísimas gracias. Espero que tu fe sea recompensada. Me gustaría pensar que he ganado a un amigo y a un agente. Y, Eve, sé todo lo que has hecho entre bastidores. Gracias.

Dan, tuve mucha suerte contigo, en serio. No podría imaginar a otro editor que compartiera mi visión con tanta fuerza y que entendiera tan bien lo que trataba de hacer. Y muchas gracias a todos los demás de Penguin que os habéis esforzado tanto para llevar mis dibujitos al mundo: Aggie, Bea, Sarah, Lee, Jon, Tracy, Dan P.-B., Rebecca, Anjali, Vanessa, Sophie, Ellie y Christina.

A mis seguidores en las redes sociales. Sin vuestro apoyo y vuestros ánimos no habría seguido. Gracias.

A mis compañeros Samaritans. A veces puede ser duro. Saber que todos nos apoyamos los unos a los otros es muy importante. Hablar por teléfono con los que llaman es un privilegio y sus palabras me han cambiado de formas que no puedo explicar. No creo que este libro existiera sin ellos.

Y, por supuesto, a mis amigos animales. Me mantenéis cuerdo a la vez que me volvéis loco.

Papel certificado por el Forest Stewardship Council®

Título original: *Big Panda and Tiny Dragon*
Publicado originalmente en Reino Unido por Michael Joseph

Primera edición: octubre de 2021

Printed in Spain – Impreso en España

ISBN: 978-84-17605-73-5
Depósito legal: B-12.850-2021

Compuesto en La Nueva Edimac, S. L.
Impreso en Especialidades Gráficas para Editoriales, S. A.
Sabadell (Barcelona)

NT 0 5 7 3 5